essentials

essentials liefern aktuelles Wissen in konzentrierter Form. Die Essenz dessen, worauf es als „State-of-the-Art" in der gegenwärtigen Fachdiskussion oder in der Praxis ankommt. *essentials* informieren schnell, unkompliziert und verständlich

- als Einführung in ein aktuelles Thema aus Ihrem Fachgebiet
- als Einstieg in ein für Sie noch unbekanntes Themenfeld
- als Einblick, um zum Thema mitreden zu können

Die Bücher in elektronischer und gedruckter Form bringen das Expertenwissen von Springer-Fachautoren kompakt zur Darstellung. Sie sind besonders für die Nutzung als eBook auf Tablet-PCs, eBook-Readern und Smartphones geeignet. *essentials:* Wissensbausteine aus den Wirtschafts-, Sozial- und Geisteswissenschaften, aus Technik und Naturwissenschaften sowie aus Medizin, Psychologie und Gesundheitsberufen. Von renommierten Autoren aller Springer-Verlagsmarken.

Weitere Bände in dieser Reihe http://www.springer.com/series/13088

Karin Nickenig

Die Einnahmen-Überschuss-Rechnung

Schnelleinstieg für Freiberufler und andere nicht buchführungspflichtige Unternehmer

Karin Nickenig
Mülheim-Kärlich
Deutschland

ISSN 2197-6708   ISSN 2197-6716   (electronic)
essentials
ISBN 978-3-658-15179-9   ISBN 978-3-658-15180-5   (eBook)
DOI 10.1007/978-3-658-15180-5

Die Deutsche Nationalbibliothek verzeichnet diese Publikation in der Deutschen National-
bibliografie; detaillierte bibliografische Daten sind im Internet über http://dnb.d-nb.de abrufbar.

Springer Gabler
© Springer Fachmedien Wiesbaden 2016

Gedruckt auf säurefreiem und chlorfrei gebleichtem Papier

Springer Gabler ist Teil von Springer Nature
Die eingetragene Gesellschaft ist Springer Fachmedien Wiesbaden GmbH
Die Anschrift der Gesellschaft ist: Abraham-Lincoln-Strasse 46, 65189 Wiesbaden, Germany

Was Sie in diesem *essential* finden können

Mit diesem *essential* erhalten Sie einen kompakten und einfachen Einstieg in das Wesen der EÜR. Sie erhalten einen Überblick über

- die gesetzlichen Grundlagen zur EÜR
- den Aufbau der EÜR
- den von der EÜR betroffenen Personenkreis
- die Einordnung der EÜR in das Rechnungswesen
- die Vor- und Umsatzsteuer in der EÜR und andere praxisnahe Hinweise.

Vorwort

Dieses *essential* soll sowohl dem Laien als auch dem Praktiker die Einordnung der Einnahmen-Überschuss-Rechnung als Ergebnis der Aufzeichnungspflicht eines nicht buchführungspflichtigen Unternehmers näher bringen. Nicht nur Aufbau und Inhalt der vereinfachten Gewinnermittlungsmethode werden in diesem *essential* dargestellt, sondern auch Besonderheiten wie beispielsweise das Zufluss-Abfluss-Prinzip oder der Wechsel der Gewinnermittlungsart. Abschließend erfolgt noch ein kurzer Einblick in die Vorgaben der GoBD (Grundsätze zur ordnungsmäßigen Führung und Aufbewahrung von Büchern, Aufzeichnungen und Unterlagen in elektronischer Form sowie zum Datenzugriff), welche von allen Unternehmern – ob buchführungspflichtig oder nicht – zu beachten sind.

Mülheim-Kärlich · Karin Nickenig
Deutschland

Inhaltsverzeichnis

Die Einnahmen-Überschuss-Rechnung (EÜR) – Allgemeine Hinweise und Einordnung in das betriebliche Rechnungswesen

Die Einnahmen-Überschuss-Rechnung ist eine Gewinnermittlungsmethode, die von bestimmten – nicht buchführungspflichtigen – Unternehmern erstellt werden darf. Sie dient der einfachen Ermittlung des betrieblichen Erfolges (Gewinn oder Verlust) und ist gleichzeitig Besteuerungsgrundlage. Das bedeutet, dass die zuständige Finanzbehörde auf Basis dieser Auswertung die korrekte Steuerschuld ermitteln und festsetzen kann.

Gesetzlich geregelt ist die Einnahmen-Überschuss-Rechnung im § 4 (3) EStG:

§ 4 EStG – Gewinnbegriff im Allgemeinen

[…] 3) [1]Steuerpflichtige, die nicht auf Grund gesetzlicher Vorschriften verpflichtet sind, Bücher zu führen und regelmäßig Abschlüsse zu machen, und die auch keine Bücher führen und keine Abschlüsse machen, können als Gewinn den Überschuss der Betriebseinnahmen über die Betriebsausgaben ansetzen. […].

In Fachkreisen wird die Einnahmen-Überschuss-Rechnung aufgrund der gesetzlichen Fundstelle auch als „4/3er-Rechnung" bezeichnet.

Aufgrund des technischen Fortschritts ist die Gewinnermittlung – wie beispielsweise auch die Umsatzsteuer-Voranmeldung – dem Finanzamt in elektronischer Form zu übermitteln. Auf Antrag ist aber auch eine Gewinnermittlung nach amtlich vorgeschriebenen Vordruck in Papierform zulässig:

© Springer Fachmedien Wiesbaden 2016
K. Nickenig, *Die Einnahmen-Überschuss-Rechnung*, essentials,
DOI 10.1007/978-3-658-15180-5_1

§ 60 EStDV – Unterlagen zur Steuererklärung

[…] (4) [1]Wird der Gewinn nach § 4 Abs. 3 des Gesetzes durch den Überschuss der Betriebseinnahmen über die Betriebsausgaben ermittelt, ist die Einnahmenüberschussrechnung nach amtlich vorgeschriebenem Datensatz durch Datenfernübertragung zu übermitteln. [2]Auf Antrag kann die Finanzbehörde zur Vermeidung unbilliger Härten auf eine elektronische Übermittlung verzichten; in diesem Fall ist der Steuererklärung eine Gewinnermittlung nach amtlich vorgeschriebenem Vordruck beizufügen. […].

Auf der Seite des Bundesfinanzministeriums ist die standardisierte Anlage EÜR 2015 abzurufen.

Wie bereits erwähnt, ist die Einnahmen-Überschuss-Rechnung das Ergebnis des externen Rechnungswesens und somit Bestandteil des komplexen betrieblichen Rechnungswesens, welches im Folgenden zum besseren Verständnis kurz dargestellt wird.

Betriebliches Rechnungswesen

Das betriebliche Rechnungswesen splittet sich in zwei große Teilbereiche: das externe und das interne Rechnungswesen.

Während das interne Rechnungswesen (Kosten- und Leistungsrechnung, Statistik, Planungsrechnung) derjenige Teil ist, welcher zukunftsorientiert und nahezu ohne gesetzliche Vorgaben vom Unternehmer erstellt werden kann, gehört das externe Rechnungswesen (Buchführung, Aufzeichnung) zum gesetzlich vorgeschriebenen Teil des Rechnungswesens.

Die Buchführung ist vergangenheitsorientiert, basiert auf Belegen und stellt das wichtigste Modul des betrieblichen Rechnungswesens dar.

Die Aufgabe des internen Rechnungswesens besteht insbesondere in der Substanzerhaltung des Unternehmens. Im Rahmen der Kostenrechnung werden beispielsweise Kalkulationen erstellt, die nicht nur die Ermittlung der Selbstkosten ermöglicht, sondern auch die Festlegung eines Verkaufspreises, welche dem Unternehmer den gewünschten Gewinn einbringen soll – vorausgesetzt, der Kunde akzeptiert diesen Preis.

Die Aufgabe des externen Rechnungswesens ist die Dokumentation betrieblicher Geschäftsvorfälle entweder in Form der Buchführung oder in Form der Aufzeichnung, die z. B. dem Finanzamt die notwendigen Grundlagen zum Zwecke der korrekten Besteuerung liefert.

Kleingewerbetreibende, Kaufleute und Freiberufler

Ob ein Unternehmer das Recht auf die Ermittlung des betrieblichen Erfolges anhand einer Einnahmen-Überschuss-Rechnung hat, muss zunächst geprüft werden.

Hierbei spielt es eine wesentliche Rolle, ob der Unternehmer mit seiner Tätigkeit und gewählten Rechtsform zur Gruppe der Kaufleute, Kleingewerbetreibenden oder Freiberufler gehört.

2.1   Kleingewerbetreibende

Zur Gruppe der Kleingewerbetreibenden gehören, wie auch in Abschn. 2.2.2 *Kannkaufmann im Sinne des § 2 HGB* dargestellt wird, all diejenigen Unternehmer, welche zwar einen Gewerbebetrieb gemäß § 15 (2) EStG führen, aber keinesfalls eine kaufmännische Organisation (viele Mitarbeiter, mehrere Abteilungen, hohe Kundenanzahl u. ä.) im Sinne des § 1 (2) HGB aufweisen können.

§ 15 EStG – Einkünfte aus Gewerbebetrieb

[…] (2) [1]Eine selbständige nachhaltige Betätigung, die mit der Absicht, Gewinn zu erzielen, unternommen wird und sich als Beteiligung am allgemeinen wirtschaftlichen Verkehr darstellt, ist Gewerbebetrieb, wenn die Betätigung weder als Ausübung von Land- und Forstwirtschaft noch als Ausübung eines freien Berufs noch als eine andere selbständige Arbeit anzusehen ist. […].

© Springer Fachmedien Wiesbaden 2016   3
K. Nickenig, *Die Einnahmen-Überschuss-Rechnung,* essentials,
DOI 10.1007/978-3-658-15180-5_2

Die vorgenannten Merkmale eines Gewerbebetriebs sind bei jedem Gewerbetreibenden zu finden. Der Unterschied zwischen Kleingewerbetreibenden und Istkaufleuten besteht in der fehlenden Existenz der in § 1 (2) HGB geforderten kaufmännischen Organisation.

Beispiele für Kleingewerbetreibende sind: Blumenhändler auf dem Wochenmarkt, Süßwarenverkäufer mit Bauchladen auf dem Fußballplatz, Kioskinhaber.

▶   Der Kleingewerbetreibende erwirbt die Kaufmannseigenschaft mit sämtlichen Rechten und Pflichten durch freiwilligen Eintrag ins Handelsregister des zuständigen Amtsgerichts.

Kleingewerbetreibende erstellen in der Regel eine Einnahmen-Überschuss-Rechnung als Ergebnis ihrer Aufzeichnungspflicht.

▶   Kleingewerbetreibende dürfen keine Firma führen!

Dies bedeutet, dass Kleingewerbetreibende ihrem Unternehmen keinen Namen geben und darunter ihre Geschäfte abwickeln dürfen.

▶   Kleingewerbetreibende sind nicht im Handelsregister eingetragen.

Hegen die betreffenden Unternehmer jedoch den Wunsch, z. B. ihrem Unternehmen einen offiziellen Namen (Firma) zu geben oder Bücher zu führen und am Ende eines Wirtschaftsjahres eine Bilanz und Gewinn-und-Verlustrechnung zu erstellen, dann empfiehlt sich der Eintrag ins Handelsregister.

So würde aus dem Kleingewerbetreibenden nunmehr ein eingetragener Kaufmann (e. K.), vorausgesetzt er besitzt (weiterhin) die Rechtsform des Einzelunternehmens. Ansonsten wäre zu prüfen, ob die Einordnung in die Gruppe der Formkaufleute korrekt wäre.

Es ist auch folgendes zu beachten:

▶   Kleingewerbetreibende sind bitte nicht zu verwechseln mit Kleinunternehmern!

Während sich der Begriff des *Kleingewerbetreibenden* mit der Aufzeichnungspflicht in Verbindung bringen lässt, ist die Bezeichnung des *Kleinunternehmers* der umsatzsteuerlichen Betrachtung (insbesondere der Regelbesteuerung) zu unterwerfen.

2.2   Kaufleute

Im Handelsgesetzbuch (HGB) findet sich die zentrale Vorschrift, die die Buchführungspflicht von Kaufleuten beinhaltet:

§ 238 EStG – Buchführungspflicht

(1) Jeder Kaufmann ist verpflichtet, Bücher zu führen und in diesen seine Handelsgeschäfte und die Lage seines Vermögens nach den Grundsätzen ordnungsmäßiger Buchführung ersichtlich zu machen. Die Buchführung muß so beschaffen sein, daß sie einem sachverständigen Dritten innerhalb angemessener Zeit einen Überblick über die Geschäftsvorfälle und über die Lage des Unternehmens vermitteln kann. Die Geschäftsvorfälle müssen sich in ihrer Entstehung und Abwicklung verfolgen lassen. [...].

Die Buchführung beinhaltet die Erfassung aller betrieblichen Geschäftsvorfälle, die das Vermögen und/oder das Kapital eines Unternehmens wertmäßig verändern.

Sie mündet am Ende eines Wirtschaftsjahres in die Bilanz und die Gewinn- und Verlustrechnung.

Die Gewinn- und Verlustrechnung ist <u>nicht</u> gleichzusetzen mit der Einnahmen-Überschuss-Rechnung.

Sie, die Gewinn- und Verlustrechnung, enthält auch nicht zahlungsrelevante Vorgänge, also Erträge und Aufwendungen, die noch offen stehen. Diese Forderungen und Verbindlichkeiten sind in der Einnahmen-Überschuss-Rechnung nicht zu finden.

▶   Die EÜR bildet – abgesehen von wenigen Ausnahmen - nur zahlungsrelevante Vorgänge ab.

Wie bereits erwähnt, sind grundsätzlich die Kaufleute buchführungspflichtig und müssen Bilanzen und Gewinn- und Verlustrechnungen erstellen. Alle übrigen Unternehmer haben ein Wahlrecht.

Im Hinblick auf die Kaufmannseigenschaft sei noch zu erwähnen:

▶   Alle Kaufleute sind im Handelsregister eingetragen!

Das Handelsregister ist ein öffentliches Verzeichnis aller Kaufleute innerhalb eines Amtsgerichtsbezirks. Es wird vom zuständigen Amtsgericht geführt und dient der öffentlichen Information.

Um nun zu prüfen, wer überhaupt grundsätzlich zur Buchführung nach
§ 238 HGB verpflichtet ist, soll hier eine Aufzählung der möglichen Kaufmanns-
eigenschaften erfolgen:

- Istkaufmann (§ 1 HGB)
- Kannkaufmann (2 HGB)
- Kannkaufmann (Land- und Forstwirtschaft, § 3 HGB)
- Fiktivkaufmann (§ 5 HGB)
- Formkaufmann (§ 6 HGB)

Diese werden im Folgenden kurz vorgestellt.

2.2.1   Istkaufmann im Sinne des § 1 HGB

Der Istkaufmann ist ein Kaufmann lt. Handelsgewerbe:

§ 1 HGB

(1) Kaufmann im Sinne dieses Gesetzbuchs ist, wer ein Handelsgewerbe
betreibt.
(2) Handelsgewerbe ist jeder Gewerbebetrieb, es sei denn, daß das Unternehmen nach Art oder Umfang einen in kaufmännischer Weise eingerichteten
Geschäftsbetrieb nicht erfordert.

Der Begriff des Handelsgewerbes orientiert sich am Einkommensteuergesetz:

§ 15 EStG – Einkünfte aus Gewerbebetrieb

[...] (2) [1]Eine selbständige nachhaltige Betätigung, die mit der Absicht,
Gewinn zu erzielen, unternommen wird und sich als Beteiligung am allgemeinen wirtschaftlichen Verkehr darstellt, ist Gewerbebetrieb, wenn die Betätigung weder als Ausübung von Land- und Forstwirtschaft noch als Ausübung
eines freien Berufs noch als eine andere selbständige Arbeit anzusehen ist.
[...].

Zur Gruppe der Istkaufleute zählen beispielsweise Autohaus-Inhaber, Bäcker,
Supermarkt-Inhaber u. a.

▶ Ein Istkaufmann ist geprägt durch einen Gewerbebetrieb i. S. d. § 15 (2) EStG <u>und</u> eine kaufmännische Organisation.

Eine kaufmännische Organisation liegt in der Regel vor, wenn der Unternehmer z. B. über mehrere Mitarbeiter verfügt, mehrere Abteilungen in seinem Betrieb unterhält, Warenlager besitzt, hohe Umsätze und/oder hohe Gewinne erzielt.

Eine genaue Definition hinsichtlich der kaufmännischen Organisation gibt es nicht. Es gilt die allgemeine Verkehrsanschauung.

▶ Istkaufleute sind im Handelsregister (Abteilung A) eingetragen und dürfen eine Firma führen, d. h. sie dürfen ihrem Unternehmen einen Namen geben: z. B. Lieschen Müller e. K. Die Wahl eines abweichenden Wirtschaftsjahres wäre auf Antrag möglich.

2.2.2 Kannkaufmann im Sinne des § 2 HGB

Zur Gruppe der Kannkaufleute zählen diejenigen Unternehmer, welche zuvor als Kleingewerbetreibende ihre selbständige Tätigkeit ausgeübt haben, bevor sie sich ins Handelsregister haben eintragen lassen. Wie bereits in Abschn. 2.1 *Kleingewerbetreibende* erwähnt, sind Kleingewerbetreibende Gewerbetreibende <u>ohne</u> kaufmännische Organisation.

Hierzu zählen beispielsweise: Obsthändler auf dem Wochenmarkt, Kioskinhaber, Eisverkäufer mit Bauchladen z. B. im Kino.

§ 2 HGB

Ein gewerbliches Unternehmen, dessen Gewerbebetrieb nicht schon nach § 1 Abs. 2 Handelsgewerbe ist, gilt als Handelsgewerbe im Sinne dieses Gesetzbuchs, wenn die Firma des Unternehmens in das Handelsregister eingetragen ist. Der Unternehmer ist berechtigt, aber nicht verpflichtet, die Eintragung nach den für die Eintragung kaufmännischer Firmen geltenden Vorschriften herbeizuführen. [...].

Entscheidet sich der Kleingewerbetreibende für vorgenannten Eintrag ins Handelsregister, so wird er grundsätzlich buchführungspflichtig. Er muss zukünftig mindestens eine Bilanz und eine Gewinn- und Verlustrechnung pro abgelaufenem Wirtschaftsjahr erstellen.

Es besteht Buchführungspflicht für die Kannkaufleute im Sinne des § 2 HGB.

2.2.3 Kannkaufmann (Land- und Forstwirtschaft) im Sinne des § 3 HGB

Der Kannkaufmann im Rahmen der Land- und Forstwirtschaft ist im § 3 HGB zu finden:

§ 3 HGB

(1) Auf den Betrieb der Land- und Forstwirtschaft finden die Vorschriften des § 1 keine Anwendung.
(2) Für ein land- oder forstwirtschaftliches Unternehmen, das nach Art und Umfang einen in kaufmännischer Weise eingerichteten Geschäftsbetrieb erfordert, gilt § 2 mit der Maßgabe, daß nach Eintragung in das Handelsregister eine Löschung der Firma nur nach den allgemeinen Vorschriften stattfindet, welche für die Löschung kaufmännischer Firmen gelten. [...].

Hinweis: Im § 1 HGB befinden sich die gesetzlichen Regelungen zum Istkaufmann. Diese finden jedoch auf den Kaufmann im Rahmen der Land- und Forstwirtschaft keine Anwendung.
Als Kaufmann besteht die Verpflichtung zur Buchführung.

2.2.4 Fiktivkaufmann im Sinne des § 5 HGB

Als Fiktivkaufleute bezeichnet man Personen, die im Handelsregister eingetragen und somit auch zwangsläufig als Kaufleute anzusehen sind. Dies gilt auch für jene Fälle, in denen die Eintragung versehentlich erfolgt ist. Für sie gilt die klassische Buchführungspflicht.

§ 5 HGB

Ist eine Firma im Handelsregister eingetragen, so kann gegenüber demjenigen, welcher sich auf die Eintragung beruft, nicht geltend gemacht werden, daß das unter der Firma betriebene Gewerbe kein Handelsgewerbe sei.

2.2.5   Formkaufmann im Sinne des § 6 HGB

Zur Gruppe der Formkaufleute zählen zum Beispiel juristische Personen wie die Aktiengesellschaft (AG) oder die Gesellschaft mit beschränkter Haftung (GmbH).

▶   Formkaufleute können niemals von der Buchführungspflicht befreit werden.

Geregelt sind die Vorgaben zum Formkaufmann im § 6 HGB:

§ 6 HGB

(1) Die in betreff der Kaufleute gegebenen Vorschriften finden auch auf die Handelsgesellschaften Anwendung.
(2) Die Rechte und Pflichten eines Vereins, dem das Gesetz ohne Rücksicht auf den Gegenstand des Unternehmens die Eigenschaft eines Kaufmanns beilegt, bleiben unberührt, auch wenn die Voraussetzungen des § 1 Abs. 2 nicht vorliegen.

2.2.6   Befreiung von der Pflicht zur Buchführung im Sinne des § 241a HGB

Zwischenzeitlich wurde eine Vereinfachungsvorschrift ins HGB aufgenommen, welche bestimmte Einzelkaufleute von der Buchführungspflicht entbindet und ihnen somit ein Wahlrecht einräumt:

§ 241a HGB – Befreiung von der Pflicht zur Buchführung und Erstellung eines Inventars

Einzelkaufleute, die an den Abschlussstichtagen von zwei aufeinander folgenden Geschäftsjahren nicht mehr als jeweils 600.000 EUR Umsatzerlöse und jeweils 60.000 EUR Jahresüberschuss aufweisen, brauchen die §§ 238 bis 241 nicht anzuwenden. Im Fall der Neugründung treten die Rechtsfolgen schon ein, wenn die Werte des Satzes 1 am ersten Abschlussstichtag nach der Neugründung nicht überschritten werden.

Somit sind also Einzelkaufleute, sofern sie die vorgenannten Grenzen nicht über-schreiten, <u>berechtigt</u>, den Gewinn oder den Verlust anhand der vereinfachten Ein-nahmen-Überschuss-Rechnung zu ermitteln.

Natürlich <u>können</u> sie auch weiterhin freiwillig Bücher führen und eine Bilanz und Gewinn- und Verlustrechnung erstellen. Die Buchführung ist beispielsweise sinnvoll, wenn man aus Unternehmersicht detaillierte Kennziffern im Rahmen der Bilanzanalyse ermitteln möchte, die eine Grundlage für kaufmännisch vernünftige Entscheidungen liefern sollen.

2.3   Freiberufler

Die Gruppe der Freiberufler ist im § 18 EStG zu finden:

§ 18 EStG

(1) Einkünfte aus selbständiger Arbeit sind.
1. Einkünfte aus freiberuflicher Tätigkeit. [2]Zu der freiberuflichen Tätigkeit gehören die selbständig ausgeübte wissenschaftliche, künstlerische, schrift-stellerische, unterrichtende oder erzieherische Tätigkeit, die selbständige Berufstätigkeit der Ärzte, Zahnärzte, Tierärzte, Rechtsanwälte, Notare, Patent-anwälte, Vermessungsingenieure, Ingenieure, Architekten, Handelschemiker, Wirtschaftsprüfer, Steuerberater, beratenden Volks- und Betriebswirte, verei-digten Buchprüfer, Steuerbevollmächtigten, Heilpraktiker, Dentisten, Kran-kengymnasten, Journalisten, Bildberichterstatter, Dolmetscher, Übersetzer, Lotsen und ähnlicher Berufe. [3]Ein Angehöriger eines freien Berufs [...] ist auch dann freiberuflich tätig, wenn er sich der Mithilfe fachlich vorgebilde-ter Arbeitskräfte bedient; Voraussetzung ist, dass er auf Grund eigener Fach-kenntnisse leitend und eigenverantwortlich tätig wird. [4]Eine Vertretung im Fall vorübergehender Verhinderung steht der Annahme einer leitenden und eigen-verantwortlichen Tätigkeit nicht entgegen; [...].

Vorgenannte Unternehmer, welche sogenannte Katalogberufe ausüben, haben nie-mals eine Buchführungspflicht: weder nach Handels- noch nach Steuerrecht.

▷   Freiberufler haben niemals Buchführungspflicht!!

Sie dürfen freiwillig bilanzieren, wenn Sie dieses möchten. Eine Verpflichtung hierzu gibt es jedoch nicht.

Freiberufler erstellen in der Regel eine Einnahmen-Überschuss-Rechnung im Sinne des § 4 (3) EStG auf der Basis des Zufluss-Abfluss-Prinzips (§ 11 EStG).

▶ Die Höhe der Einnahmen ist bei Freiberuflern im Hinblick auf die anzuwendende Gewinnermittlungsmethode irrelevant.

Weitere Gewinnermittlungsmethoden

3

Neben der Einnahmen-Überschuss-Rechnung gibt es noch weitere Methoden, die jedoch hier nicht insgesamt aufgeführt werden. Zu den wichtigsten Methoden zählen der Betriebsvermögens- oder auch Eigenkapitalvergleich sowie die Schätzung.

3.1 Betriebsvermögensvergleich

Der Betriebsvermögensvergleich wird auch als Eigenkapitalvergleich bezeichnet, da bei bilanzierenden Unternehmen vom Eigenkapital am Ende des Wirtschaftsjahres (z. B. 31.12.01) das Eigenkapital zu Beginn des Wirtschaftsjahres (z. B. 01.01.01) subtrahiert wird.

Für Einzelunternehmen gilt, dass Privatentnahmen der Zwischensumme hinzugerechnet und Privateinlagen subtrahiert werden, um den endgültigen Gewinn bzw. den Verlust zu ermitteln.

Geregelt ist der Betriebsvermögensvergleich im Einkommensteuergesetz:

§ 4 EStG – Gewinnbegriff im Allgemeinen

(1) [1]Gewinn ist der Unterschiedsbetrag zwischen dem Betriebsvermögen am Schluss des Wirtschaftsjahres und dem Betriebsvermögen am Schluss des vorangegangenen Wirtschaftsjahres, vermehrt um den Wert der Entnahmen und vermindert um den Wert der Einlagen. [...].

Im Rahmen einer Formel kann der Eigenkapitalvergleich wie folgt dargestellt werden (siehe Tab. 3.1):

© Springer Fachmedien Wiesbaden 2016
K. Nickenig, *Die Einnahmen-Überschuss-Rechnung*, essentials,
DOI 10.1007/978-3-658-15180-5_3

Tab. 3.1 Betriebsvermögens-/Eigenkapitalvergleich (§ 4 (1) EStG, § (1) EStG)

	Eigenkapital am Ende des Wirtschaftsjahres (z. B. 31.12.01)
./.	Eigenkapital zu Beginn des Wirtschaftsjahres (z. B. 01.01.01)
=	Zwischensumme
+	Privatentnahmen
./.	Privateinlagen
=	Gewinn/Verlust

3.2   Schätzung

Für den Fall, dass z. B. wegen schwerwiegender sachlicher, inhaltlicher Mängel die Buchführung nicht als Besteuerungsgrundlage verwendet werden kann, besteht die Möglichkeit aufseiten der Finanzbehörde, eine Schätzung der Besteuerungsgrundlagen durchzuführen.

Hierbei ist zwischen einer Voll- und einer Teilschätzung zu unterscheiden.

Im Falle einer Vollschätzung liegt entweder der Finanzbehörde kein Zahlenmaterial in Form einer Bilanz, Gewinn-und-Verlustrechnung oder auch einer Einnahmen-Überschuss-Rechnung vor oder alle vorgenannten Auswertungen beinhalten schwerwiegende Mängel, die die Besteuerung auf dieser Basis unmöglich machen.

Bei einer Teilschätzung werden nur Teile der Buchführung/Aufzeichnung nicht anerkannt. Diese fehlerhaften Bereiche der Buchführung werden geschätzt.

Die Schätzung ist in der Abgabenordnung (AO) geregelt:

§ 162 AO – Schätzung von Besteuerungsgrundlagen

(1) Soweit die Finanzbehörde die Besteuerungsgrundlagen nicht ermitteln oder berechnen kann, hat sie sie zu schätzen. Dabei sind alle Umstände zu berücksichtigen, die für die Schätzung von Bedeutung sind.

(2) Zu schätzen ist insbesondere dann, wenn der Steuerpflichtige über seine Angaben keine ausreichenden Aufklärungen zu geben vermag oder weitere Auskunft oder eine Versicherung an Eides statt verweigert oder seine Mitwirkungspflicht [...] verletzt. Das Gleiche gilt, wenn der Steuerpflichtige Bücher oder Aufzeichnungen, die er nach den Steuergesetzen zu führen hat, nicht vorlegen kann, wenn die Buchführung oder die Aufzeichnungen der Besteuerung nicht [...] zugrunde gelegt werden oder wenn tatsächliche Anhaltspunkte für

die Unrichtigkeit oder Unvollständigkeit der vom Steuerpflichtigen gemachten Angaben zu steuerpflichtigen Einnahmen oder Betriebsvermögensmehrungen bestehen [...].

(3) Verletzt ein Steuerpflichtiger seine Mitwirkungspflichten [...] dadurch, dass er die Aufzeichnungen nicht vorlegt, oder sind vorgelegte Aufzeichnungen im Wesentlichen unverwertbar oder wird festgestellt, dass der Steuerpflichtige Aufzeichnungen [...] nicht zeitnah erstellt hat, so wird widerlegbar vermutet, dass seine im Inland steuerpflichtigen Einkünfte, zu deren Ermittlung die Aufzeichnungen [...] dienen, höher als die von ihm erklärten Einkünfte sind [...].

Auf eine detaillierte Darstellung aller übrigen Gewinnermittlungsmethoden wird an dieser Stelle verzichtet.

Wesen und ausgewählte Inhalte der Einnahmen-Überschuss-Rechnung

4

Im aktuellen Kapitel wird auf den Aufbau und die wesentlichen (ausgewählten) Inhalte der Einnahmen-Überschuss-Rechnung eingegangen. Hierzu zählen u. a. die Definition der Betriebseinnahmen und -ausgaben, die Güter des Anlagevermögens, die Behandlung umsatzsteuerlicher Sachverhalte sowie Privateinlagen und -entnahmen.

Das Formular zur Einnahmen-Überschuss-Rechnung (standardisiert) wird regelmäßig vom Bundesministerium der Finanzen veröffentlicht.

Übermittelt werden muss das Ergebnis nach § 60 (4) Satz 1 EStDV stets in elektronischer Form:

§ 60 EStDV – Unterlagen zur Steuererklärung

[...] (4) [1]Wird der Gewinn nach § 4 Abs. 3 des Gesetzes durch den Überschuss der Betriebseinnahmen über die Betriebsausgaben ermittelt, ist die Einnahmenüberschussrechnung nach amtlich vorgeschriebenem Datensatz durch Datenfernübertragung zu übermitteln. [2]Auf Antrag kann die Finanzbehörde zur Vermeidung unbilliger Härten auf eine elektronische Übermittlung verzichten; in diesem Fall ist der Steuererklärung eine Gewinnermittlung nach amtlich vorgeschriebenem Vordruck beizufügen. [...].

4.1   Betriebseinnahmen/ -ausgaben

Im Rahmen der Einnahmen-Überschuss-Rechnung werden die <u>zahlungsrelevanten</u> betrieblichen <u>Einnahmen</u>, den <u>zahlungsrelevanten</u> betrieblichen <u>Ausgaben</u> gegenübergestellt. Das Ergebnis ermittelt sich also nach folgender einfacher Berechnung:

© Springer Fachmedien Wiesbaden 2016
K. Nickenig, *Die Einnahmen-Überschuss-Rechnung,* essentials,
DOI 10.1007/978-3-658-15180-5_4

▶   Betriebseinnahmen minus Betriebsausgaben = Gewinn/Verlust.

Gesetzlich definiert sind lediglich die Betriebsausgaben:

§ 4 EStG – Gewinnbegriff im Allgemeinen

[...](4) Betriebsausgaben sind die Aufwendungen, die durch den Betrieb veranlasst sind. [...].

Eine gesetzliche Definition der Betriebseinnahmen existiert nicht. Hier ist der Umkehrschluss des § 4 (4) EStG anzuwenden.
Nicht zu den Betriebseinnahmen bzw. -ausgaben zählen durchlaufenden Posten:

§ 4 EStG – Gewinnbegriff im Allgemeinen

[...] [2]Hierbei scheiden Betriebseinnahmen und Betriebsausgaben aus, die im Namen und für Rechnung eines anderen vereinnahmt und verausgabt werden (durchlaufende Posten) [...].

Es gibt im Rahmen dieser einfachen Gewinnermittlungsmethode keine Forderungen oder Verbindlichkeiten, keine Rückstellungen oder Rechnungsabgrenzungsposten. Diese Positionen sind der weitaus arbeitsintensiveren Buchführung bzw. Bilanzierung zuzuordnen.

▶   Nur zahlungsrelevante Vorgänge werden bis auf wenige Ausnahmen (z. B. Abschreibung) in der Einnahmen-Überschuss-Rechnung berücksichtigt.

Es greift das Zufluss-Abfluss-Prinzip Abschn. 5.1 *Zufluss-Abfluss-Prinzip*, auf das im weiteren Verlauf dieses *essential* noch eingegangen wird.

4.2   Anlagegüter und Abschreibungen

Anlagegüter gehören zum (Betriebs-)Vermögen, welches dem Unternehmen mindestens ein Jahr zur Verfügung stehen soll. Aber: das Anlagevermögen wird – anders als in der Bilanz – nicht explizit in der Einnahmen-Überschuss-Rechnung ausgewiesen, sondern lediglich die Wertminderung in Form der Abschreibung. Diese wird als Betriebsausgabe erfasst.
Um einen Überblick über die Entwicklung und den Stand des Anlagevermögens (Betriebsvermögen) zu erhalten, ist ein Verzeichnis auch für die Erstellung der Einnahmen-Überschuss-Rechnung vorgeschrieben.

Die hier enthaltenen Güter sind entweder immaterielle Güter, Sachanlagen oder Finanzanlagen.

Sie lassen sich darüber hinaus in abnutzbare und in nicht abnutzbare Güter unterscheiden, wie die nachfolgenden Erläuterungen aufzeigen.

Hier zunächst noch die gesetzliche Vorschrift zur Berücksichtigung von Anlagegütern und GWGs:

§ 4 EStG – Gewinnbegriff im Allgemeinen

[...] [3]Die Vorschriften über die Bewertungsfreiheit für geringwertige Wirtschaftsgüter (§ 6 Absatz 2), die Bildung eines Sammelpostens § 6 Absatz 2a) und über die Absetzung für Abnutzung oder Substanzverringerung sind zu befolgen. [4]Die Anschaffungs- oder Herstellungskosten für nicht abnutzbare Wirtschaftsgüter des Anlagevermögens, für Anteile an Kapitalgesellschaften, für Wertpapiere und vergleichbare nicht verbriefte Forderungen und Rechte, für Grund und Boden sowie Gebäude des Umlaufvermögens sind erst im Zeitpunkt des Zuflusses des Veräußerungserlöses oder bei Entnahme im Zeitpunkt der Entnahme als Betriebsausgaben zu berücksichtigen. [5]Die Wirtschaftsgüter des Anlagevermögens und Wirtschaftsgüter des Umlaufvermögens [...] sind unter Angabe des Tages der Anschaffung oder Herstellung und der Anschaffungs- oder Herstellungskosten oder des an deren Stelle getretenen Werts in besondere, laufend zu führende Verzeichnisse aufzunehmen. [...].

4.2.1 Abnutzbare Anlagegüter

Anlagegüter sind – wie bereits erwähnt – Güter, die dazu bestimmt sind, dem Unternehmen langfristig zu dienen (> 1 Jahr). Hierzu zählen beispielsweise Gebäude, Fuhrpark, Maschinen sowie Betriebs- und Geschäftsausstattung.

Da die Anschaffungs- und Herstellungskosten bei abnutzbaren Gütern des Anlagevermögens auch im Rahmen der Einnahmen-Überschuss-Rechnung nicht sofort als Betriebsausgabe erfasst werden dürfen, ist jährlich auf der Basis der sogenannten „AfA-Tabellen" eine Abschreibung durchzuführen.

Zur kurzen Erläuterung:

▶ „AfA" steht für „Absetzung für Abnutzung" (steuerlicher Begriff) und entspricht dem handelsrechtlichen Begriff „Abschreibung".

Obwohl kein zahlungsrelevanter Vorgang existiert, ist die Abschreibung im Rahmen der Gewinnermittlung nach § 4 (3) EStG als Betriebsausgabe zu berücksichtigen.

Innerhalb der vorgenannten AfA-Tabellen, welche von der Finanzverwaltung veröffentlicht werden, befinden sich Art und Bezeichnung der abnutzbaren Anlagegüter sowie deren betriebsgewöhnliche Nutzungsdauer.

Um die Abschreibung zu ermitteln, teilt man z. B. bei Anwendung der linearen Abschreibungsmethode die Anschaffungs- oder Herstellungskosten durch die in den AfA-Tabellen vorgeschlagene Nutzungsdauer. Ergebnis ist der lineare Abschreibungsbetrag pro Jahr, welcher als Betriebsausgabe in der Einnahmen-Überschuss-Rechnung erfasst werden darf.

Beispiel: Lineare Abschreibung bei abnutzbaren Gütern des Anlagevermögens

Der Kaufpreis eines betrieblichen Pkw, welcher länger als ein Jahr dem Unternehmen dienen soll, beträgt 30.000,00 EUR zzgl. 19 % USt (5700,00 EUR). Kaufdatum soll der 15.01.01 sein.

Der jährliche, lineare Abschreibungsbetrag ermittelt sich, indem die Anschaffungskosten (netto) in Höhe von 30.000,00 EUR durch die Nutzungsdauer (lt. AfA-Tabelle: 6 Jahre) dividiert werden. Das Ergebnis beläuft sich auf 5000,00 EUR. Dieser Betrag darf innerhalb der Einnahmen-Überschuss-Rechnung pro Jahr für die Abschreibung des betrieblichen Pkw geltend gemacht werden.

Wichtiger Hinweis für nicht vorsteuerabzugsberechtigte Unternehmer:

▶ Bei nicht vorsteuerabzugsberechtigten Unternehmern ist anstatt des Nettobetrages der Bruttobetrag (also inklusive der gesetzlichen Umsatzsteuer) als Bemessungsgrundlage für die Abschreibung heranzuziehen.

Während die abnutzbaren Güter nach Gesetz gleichmäßig an Wert verlieren und der Ansatz im Anlagenverzeichnis (Folgewert = Restbuchwert) sich von Jahr zu Jahr aufgrund der Abschreibung reduziert, ist bei nicht abnutzbaren Anlagegütern der sogenannte Zugangswert im Rahmen der Erstbewertung identisch mit dem Abgangswert bei Entnahme bzw. Veräußerung. Dies gilt für den Fall, dass zwischenzeitlich keine außerplanmäßige Abschreibung erforderlich war. Auf die Darstellung dieser besonderen Art der Abschreibung wird an dieser Stelle verzichtet.

4.2.2 Nicht abnutzbare Anlagegüter

Sofern es sich bei den Anlagegütern um nicht abnutzbare Güter (z. B. Grundstücke) handelt, ist der Zugangswert (z. B. Anschaffungskosten) in der Einnahmen-Überschuss-Rechnung nicht als Betriebsausgabe zu erfassen.

Erst bei der späteren Entnahme des Anlagegutes wird dem Entnahmewert (Teilwert nach § 6 EStG) der Anlagenabgangswert (Restbuchwert des Anlagegutes) erfolgswirksam gegenübergestellt.

Wird das Gut zu einem späteren Zeitpunkt entgeltlich veräußert, erfolgt die gewinnwirksame Gegenüberstellung von Restbuchwert und Veräußerungserlös.

4.2.3 Geringwertige Wirtschaftsgüter (GWG)

Zur Gruppe der Geringwertigen Wirtschaftsgüter (GWG) gehören Güter des Anlagevermögens, welche zunächst folgende Voraussetzungen erfüllen müssen:

- Bewegliches Anlagegut
- Abnutzbares Anlagegut
- Selbständige Nutzbarkeit

Zusätzlich dürfen die Güter bestimmte Grenzen im Rahmen der Anschaffungs-/ Herstellungskosten nicht überschreiten.

Geregelt sind diese Grenzen im Einkommensteuergesetz.

Der Steuerpflichtige kann zwischen zwei Abschreibungsvarianten wählen:

1. 410,00 EUR-Regel (Sofortabschreibung GWG) i. S. d. § 6 (2) EStG oder
2. GWG-Sammelposten-Methode i. S. d. § 6 (2a) EStG

Hier nun eine Kurzdarstellung der beiden Varianten:

1. „410,00 EUR-Regel" (Sofortabschreibung GWG) i. S. d. § 6 (2) EStG
Bei dieser Abschreibungsmethode werden alle Güter, die selbständig nutzbar sind und zu den beweglichen, abnutzbaren Anlagegütern zählen, bis zu einem Nettowert von 410,00 EUR sofort als Aufwand erfasst. Die Konsequenz ist eine Erfolgsminderung in voller Höhe (sofern die Grenze in Höhe von 410,00 EUR nicht überschritten wird).

Alle Güter, die vorgenannte Voraussetzungen erfüllen, aber über 410,00 EUR in der Anschaffung bzw. bei Eigenproduktion kosten, werden „klassisch" aktiviert und nach der AfA-Tabelle abgeschrieben und einzeln bewertet. Eine besondere Form der Abschreibung erfolgt nicht.

2. GWG-Sammelposten-Methode i. S. d. § 6 (2a) EStG

Bei der GWG-Sammelpostenmethode werden Güter mit Anschaffungs-/ Herstellungskosten zwischen 0,00 und 150,00 EUR sofort als Betriebsausgabe Gewinn mindernd erfasst.

GWG mit Anschaffungs-/Herstellungskosten zwischen 150,01 und 1000,00 EUR werden auf das Aktivkonto GWG-Sammelposten gebucht. Im Zugangsjahr wird am Bilanzstichtag die Gesamtsumme der hinzuaktivierten Güter auf 5 Jahre Nutzungsdauer verteilt (Pflicht!). Dies entspricht einem linearen AfA-Satz in Höhe von 20 %. Eine zeitanteilige Abschreibung (pro rata temporis) gibt es bei dieser Vorgehensweise nicht. Auch ist bei dieser Abschreibungsvariante <u>keine</u> Einzelbewertung möglich! Der Betrag zum Bilanzstichtag im Zugangsjahr wird stets gleichmäßig über 5 Jahre verteilt, gleichgültig, ob sich das GWG kurze Zeit später noch im Betriebsvermögen befindet oder nicht.

GWG mit Anschaffungs-/Herstellungskosten von mehr als 1000,00 EUR werden „klassisch" aktiviert und über die Laufzeit der Nutzungsdauer lt. AfA-Tabelle abgeschrieben. Hier findet wieder die Anwendung der zeitanteiligen Abschreibung (pro rata temporis) statt. Außerdem ist hier auch eine Einzelbewertung möglich.

Ein weiterer wichtiger Hinweis im Hinblick auf die Anwendung der vorgenannten Abschreibungsvarianten bei GWG ist:

▶   Die Wahl einer der beiden vorgenannten Abschreibungsmethoden ist für ein gesamtes Jahr zu treffen und nicht pro GWG!

Typische Beispiele für GWG sind: Handys, Laptops, Kleinmöbel, Multifunktionsdrucker.

Keine GWGs sind: Beamer, Nadeldrucker, einzelner Monitor u. a.

4.3   Umsatzsteuer und Vorsteuer

Umsatzsteuer

Die Umsatzsteuer, welche in Zusammenhang mit den erzielten Erlösen vereinnahmt wird, gehört in die Gruppe der Betriebseinnahmen. Die Vorsteuer, welche im Zuge der vorsteuerbehafteten Ausgaben gezahlt wird, wird den

Betriebsausgaben zugeordnet. In beiden Fällen wirken sich die Zahlungen auf den betrieblichen Erfolg aus.

Anders ist dies im Rahmen der Buchführung: hier wirken sich Zahlungsvorgänge im Rahmen der Umsatz- und Vorsteuer auf das Vermögen bzw. das Kapital aus. Sie sind jedoch erfolgsneutral.

Zum besseren Verständnis sei hier das stark vereinfachte System der Umsatzsteuer anhand von Unternehmern erläutert, welche eine Besteuerung nach vereinnahmten Entgelten (Istversteuerung) vornehmen (siehe Abb. 4.1 Umsatzsteuer-System im Inland)[1]:

Hinweise Verlag/Setzerei: entnommen aus Nickenig, Karin: Praxisleitfaden Steuerrecht für Existenzgründer.

Sobald Unternehmer 1 für den Verkauf seiner Ware oder Dienstleistung an einen Abnehmer (z. B. Unternehmer 2) die Erlöse bar oder unbar (z. B. per Bank) vereinnahmt, entsteht die Umsatzsteuer mit Ablauf des Voranmeldungszeitraums, in dem die Zahlung vereinnahmt wurde:

§ 13 UStG – Entstehung der Steuer

(1) Die Steuer entsteht

    1. für Lieferungen und sonstige Leistungen

    [...]

    b) bei der Berechnung der Steuer nach vereinnahmten Entgelten (§ 20) mit Ablauf des Voranmeldungszeitraums, in dem die Entgelte vereinnahmt worden sind, [...].

Der Vollständigkeit halber sei auch die Vorschrift zur Berechnung der (Umsatz-) Steuer nach vereinnahmten Entgelten in Ausschnitten dargestellt,

§ 20 UStG – Berechnung der Steuer nach vereinnahmten Entgelten

Das Finanzamt kann auf Antrag gestatten, dass ein Unternehmer,

    1. dessen Gesamtumsatz [...] im vorangegangenen Kalenderjahr nicht mehr als 500.000 EUR betragen hat, oder

    2. der von der Verpflichtung, Bücher zu führen und auf Grund jährlicher Bestandsaufnahmen regelmäßig Abschlüsse zu machen [...] befreit ist, oder

---

[1]Quelle: Praxisleitfaden Steuerrecht für Existenzgründer – Schneller Einstieg in die gesetzlichen Grundlagen; Autorin Karin Nickenig; Springer-Gabler (2015, S. 70).

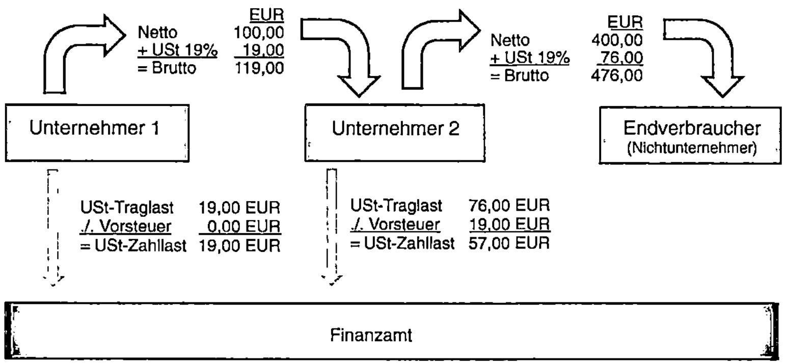

Abb. 4.1 Umsatzsteuer-System im Inland

3. soweit er Umsätze aus einer Tätigkeit als Angehöriger eines freien Berufs im Sinne des § 18 Abs. 1 Nr. 1 des Einkommensteuergesetzes ausführt, die Steuer nicht nach den vereinbarten Entgelten [...], sondern nach den vereinnahmten Entgelten berechnet. [...].

Vorsteuer

Der Vorsteuerabzug ist im § 15 (1) UStG geregelt:

§ 15 UStG – Vorsteuerabzug

(1) Der Unternehmer kann die folgenden Vorsteuerbeträge abziehen:
1. die gesetzlich geschuldete Steuer für Lieferungen und sonstige Leistungen, die von einem anderen Unternehmer für sein Unternehmen ausgeführt worden sind. Die Ausübung des Vorsteuerabzugs setzt voraus, dass der Unternehmer eine nach den §§ 14, 14a ausgestellte Rechnung besitzt. Soweit der gesondert ausgewiesene Steuerbetrag auf eine Zahlung vor Ausführung dieser Umsätze entfällt, ist er bereits abziehbar, wenn die Rechnung vorliegt und die Zahlung geleistet worden ist; [...].

Hinsichtlich der Berücksichtigung der Vorsteuer ist allgemein auch Abschnitt 15.2 (2) Sätze 1-3 UStAE hervorzuheben (welcher auch für die Einnahmen-Überschuss-Rechner gilt):

Abschnitt 15.2 UStAE – Allgemeines zum Vorsteuerabzug

[...]

(2) [1]Die Berechtigung zum Vorsteuerabzug aus Lieferungen und sonstigen Leistungen ist unter folgenden Voraussetzungen gegeben:

1. Die Steuer muss für eine Lieferung oder sonstige Leistung gesondert in Rechnung gestellt worden sein [...];

2. die Lieferung oder sonstige Leistung muss von einem Unternehmer ausgeführt worden sein [...];

3. der Leistungsempfänger muss Unternehmer und die Lieferung oder sonstige Leistung für sein Unternehmen ausgeführt worden sein [...];

4. der Leistungsempfänger ist im Besitz einer nach den §§ 14, 14a UStG ausgestellten Rechnung, in der die Angaben vollständig und richtig sind.

2Diese Voraussetzungen müssen insgesamt erfüllt werden. 3Das gilt auch für Leistungsempfänger, die die Steuer für ihre Umsätze nach vereinnahmten Entgelten berechnen (§ 20 UStG) [...].

In diesem Abschnitt wurden lediglich die für die Einnahmen-Überschuss-Rechner relevanten Vorschriften thematisiert. Auf die weitere Darstellung des komplexen Gebietes der Umsatzsteuer wird an dieser Stelle verzichtet.

4.4 Privatentnahmen und -einlagen

Privatentnahmen und -einlagen, also Entnahmen bzw. Einlagen für den nichtunternehmerischen Bereich, sind stets vom Einzelunternehmer zwecks späterer Prüfungsmaßnahmen (z. B. durch das Finanzamt) aufzuzeichnen.

Entnahmen und Einlagen in Form von Geld sind erfolgsneutrale Vorgänge. Das heißt, das betriebliche Ergebnis wird durch diese Art der Privatvorgänge nicht beeinflusst.

Die Privatentnahme und -einlage von z. B. Waren, Anlagegütern oder Leistungen führen hingegen zu Ergebnisveränderungen. Diese verändern nicht nur die Ertragsteuern (z. B. Einkommensteuer), sondern womöglich auch die Umsatzsteuer.

Erfolgt beispielsweise eine Sacheinlage in Form eines bisher ausschließlich zum Privatvermögen gehörenden Kraftfahrzeugs, welches zu mehr als 50% betrieblich genutzt wird, wird diese Einlage mit dem Einlagewert des Pkw bewertet und gebucht. Der Vorsteuerabzug ist bei diesem Beispiel nicht möglich. Das

Fahrzeug kann jedoch abgeschrieben werden. Diese Abschreibungsbeträge werden dann als Betriebsausgaben geltend gemacht.

Werden im anderen Fall abnutzbare Anlagegüter, wie beispielsweise ein betrieblich genutzter Büroschrank für private Zwecke aus dem Betriebsvermögen entnommen, so ist der Restbuchwert des Schrankes für die Erfolgsauswirkung relevant.

4.5   Nicht bzw. beschränkt abzugsfähige Betriebsausgaben

Zu den nicht bzw. beschränkt abzugsfähigen Betriebsausgaben zählen eine Reihe von Positionen, die u. a. im § 4 (5) EStG zu finden sind.

Diese Betriebsausgaben dürfen steuerlich nicht geltend gemacht werden und das betriebliche Ergebnis mindern. Wurden Sie dennoch erfolgsmindernd erfasst, ist bei Erstellung der Einnahmen-Überschuss-Rechnung, eine Korrektur durchzuführen.

Die Nettobeträge, die bisher als Betriebsausgaben gebucht wurden, werden wieder hinzugerechnet; die evtl. bereits in Abzug gebrachte Vorsteuer wird wieder berichtigt.

Hier nun einige Beispiele aus dem Formular EÜR:

Geschenke an Geschäftsfreunde
Zu den nicht abzugsfähigen Betriebsausgaben zählen Aufwendungen für Geschenke an Geschäftsfreunde, sofern der Wert von insgesamt 35,00 EUR (Freigrenze) nicht überschritten wird (vgl. § 4 (5) Satz 1 Nr. 1 EStG).

Bewirtung von Geschäftsfreunden
Sofern die Bewirtung von Geschäftsfreunden angemessen und nachvollziehbar ist, dürfen 70 % der angefallenen und nachgewiesenen Kosten als Betriebsausgaben berücksichtigt werden. 30 % der angefallenen Bewirtungskosten gehören zu den nicht abziehbaren Betriebsausgaben und dürfen den Gewinn nicht schmälern (vgl. § 4 (5) Satz 1 Nr. 1 EStG).

▶   Für den Fall, dass es sich um nachvollziehbare und angemessen hohe Bewirtungskosten handelt, darf die Vorsteuer zu 100 % in Abzug gebracht werden. Eine Aufteilung wird ausnahmsweise nicht gefordert.

Gewerbesteuer

Ab 01.01.2008 sind die Gewerbesteuerzahlungen und die hierauf entfallenden Nebenleistungen nicht mehr als Betriebsausgaben abzuziehen (vgl. § 4 (5b) EStG).

Aufwendungen für die private Lebensführung

Aufwendungen für die private Lebensführung (z. B. Sportkleidung, Nahrungsmittel, Getränke) gehören zu den nicht abziehbaren Betriebsausgaben (vgl. auch § 12 EStG).

Zusätzliche nicht abzugsfähige Betriebsausgaben – ohne weitere Erläuterungen an dieser Stelle – sind: Bußgelder, Verpflegungsmehraufwendungen, Aufwendungen für das häusliche Arbeitszimmer.

Besonderheiten der Einnahmen-Überschuss-Rechnung

Im aktuellen Kapitel werden einige ausgewählte Besonderheiten, die die Einnahmen-Überschuss-Rechnung betreffen, angesprochen. Ein Anspruch auf Vollständigkeit kann an dieser Stelle leider nicht erhoben werden.

5.1 Zufluss-Abfluss-Prinzip (§ 11 EStG)

Die Einnahmen-Überschuss-Rechnung wird nach dem sogenannten Zufluss-Abfluss-Prinzip erstellt:

§ 11 EStG

(1) [1]Einnahmen sind innerhalb des Kalenderjahres bezogen, in dem sie dem Steuerpflichtigen zugeflossen sind [...].
(2) [1]Ausgaben sind für das Kalenderjahr abzusetzen, in dem sie geleistet worden sind [...] .

Hiernach werden also grundsätzlich die zahlungsrelevanten Einnahmen erfasst und die zahlungsrelevanten Ausgaben entgegengesetzt.

▶ Forderungen und Verbindlichkeiten (antizipative Posten) sind <u>kein</u> Bestandteil der Einnahmen-Überschuss-Rechnung.

Auch im Voraus bezahlte Eingangsrechnungen oder erhaltene Einnahmen auf Ausgangsrechnungen werden – anders als in der Bilanz – nicht abgegrenzt.

© Springer Fachmedien Wiesbaden 2016
K. Nickenig, *Die Einnahmen-Überschuss-Rechnung,* essentials,
DOI 10.1007/978-3-658-15180-5_5

▶ Es gibt in der Einnahmen-Überschuss-Rechnung <u>keine</u> Rechnungsabgrenzungsposten (transitorische Posten).

Aber es ist die Zehntagesregel im Sinne des Einkommensteuergesetzes zu beachten:

§ 11 EStG

(1) [...] [2]Regelmäßig wiederkehrende Einnahmen, die dem Steuerpflichtigen kurze Zeit vor Beginn oder kurze Zeit nach Beendigung des Kalenderjahres, zu dem sie wirtschaftlich gehören, zugeflossen sind, gelten als in diesem Kalenderjahr bezogen [...].
(2) [...] [2]Für regelmäßig wiederkehrende Ausgaben gilt Absatz 1 Satz 2 entsprechend [...].

Hierzu ein Beispiel:

Beispiel: Zufluss-/Abflussprinzip § 11 EStG
Unternehmer U (Freiberufler) erhält einen Bescheid über die Kfz-Steuer seines betrieblichen Pkw für den Zeitraum 01.08.00 bis 31.07.01. Der Betrag ist fällig am 10.09.00. U zahlt pünktlich.

Die Zahlung am 10.09.00 wird im Jahr 00 berücksichtigt, obwohl ein Teil der Kfz-Steuer auf das neue Jahr (01) entfällt. Eine aktive Rechnungsabgrenzung (wie bei den buchführungspflichtigen Unternehmern) wird nicht vorgenommen.

Weitere Beispiele im Sinne des § 11 EStG: Miete, Löhne, Gehälter, Versicherungen.

5.2   Durchlaufende Posten

Durchlaufende Posten, also Zahlungen, welche im Namen und Auftrag einer dritten Person durch den Einnahmen-Überschuss-Rechner vereinnahmt und im Anschluss an den ordnungsgemäßen Zahlungsempfänger übermittelt werden, verändern nicht das betriebliche Ergebnis. Sie sind erfolgsneutral.

Beispiele für durchlaufende Posten sind: Kfz-Zulassungsgebühr, Gerichtskostenvorschuss.

Anders ist hier die Einnahme in Form der Umsatzsteuer(-Traglast) bzw. die Ausgabe der Vorsteuer (Forderung gegenüber dem Finanzamt) zu sehen. Es handelt sich in diesen Fällen nicht um durchlaufende Posten Abschn. 4.3 *Umsatzsteuer und Vorsteuer,* sondern im Falle der Umsatzsteuer um Betriebseinnahmen und im Falle der Vorsteuer um Betriebsausgaben.

5.3 Ausgewählte Positionen ohne Ansatz in der EÜR

Es gibt Positionen in der Bilanz, welche in der Einnahmen-Überschuss-Rechnung nicht zu finden sind. Der Grund hierfür besteht u. a. im bereits dargestellten Zufluss-Abfluss-Prinzip Abschn. 5.1 *Zufluss-Abfluss-Prinzip.* Hiernach werden nur zahlungsrelevante Vorgänge berücksichtigt, welche das unternehmerische Ergebnis beeinflussen. Auf die Ausnahmen von dieser Regel wird an dieser Stelle nicht eingegangen.

Als Beispiele lassen sich Rückstellungen und Darlehen nennen, die zu den Posten gehören, die man lediglich in der Bilanz, aber nicht in der Gewinnermittlung nach § 4 (3) EStG findet.

Rückstellungen

Rückstellungen sind zukünftige Verbindlichkeiten (konkreter Natur), die am Bilanzstichtag zwar dem Grunde nach, aber nicht nach Höhe und Fälligkeit bekannt sind. Aus Gründen der Vorsicht (handelsrechtliches Gläubigerschutzprinzip) sind solche Positionen in der Bilanz zu bilden, um mögliche zukünftige Verluste, die am Bilanzstichtag noch nicht eingetreten sind, der Vorsicht halber vorab (vor Realisierung) zu berücksichtigen. Es greift das handelsrechtliche Höchstwertprinzip.

Beispiele: Urlaubsrückstellungen, Pensionsrückstellungen, Gewährleistungsrückstellungen.

Darlehen

Darlehen gehören zu den konkreten Verbindlichkeiten zum Beispiel gegenüber Kreditinstituten. Sie basieren auf Darlehensverträgen, die vor Darlehensauszahlung zwischen den Vertragsparteien (Darlehensnehmer und Kreditinstitut) vereinbart wurden.

In der Bilanz wird der konkrete Darlehensbetrag auf der Passivseite der Bilanz als Posten des Fremdkapitals ausgewiesen. Die Tilgungen werden erfolgsneutral gebucht; die Zinsen schmälern als Aufwand das betriebliche Ergebnis.

In der Einnahmen-Überschuss-Rechnung hingegen werden weder der konkrete Darlehensbetrag noch die Tilgung erfasst. Lediglich der Zinsaufwand und sonstige Kreditkosten werden bei Zahlung als Betriebsausgabe Gewinn mindernd berücksichtigt.

5.4   Übergangsgewinne und -verluste

Für den Fall, dass ein Wechsel der Gewinnermittlungsmethoden – also von der Einnahmen-Überschuss-Rechnung auf Bilanz bzw. von der Bilanz zur Einnahmen-Überschuss-Rechnung-ansteht, ist eine Übergangsrechnung erforderlich.

▶   Ziel: Sämtliche Geschäftsvorfälle, welche sich auf das betriebliche Ergebnis auswirken, sollen nur einmal erfasst werden. Eine Doppelberücksichtigung wird mithilfe dieser Übergangsrechnungen vermieden.

Übergang von Einnahmen-Überschuss-Rechnung zur Bilanz
Beabsichtigt der Unternehmer einen Wechsel von der Gewinnermittlung nach § 4 (3) EStG zur Bilanzierung bzw. wird er hierzu von der Finanzbehörde aufgefordert, ist stets der Übergangsgewinn bzw. der Übergangsverlust zu ermitteln (s. Tab. 5.1).

Hinweis: Die Umsatzsteuer/Vorsteuer sind in den Forderungen bzw. Verbindlichkeiten enthalten.

Ausgangsbasis ist der vorläufig ermittelte Gewinn bzw. Verlust:

Im Falle eines Übergangsgewinns erfolgt grundsätzlich eine Erhöhung des Ergebnisses in dem Wirtschaftsjahr, in dem der Wechsel stattfindet.

Übergangsverluste werden ebenfalls im Jahr des Wechsels berücksichtigt.

Übergang von Bilanz zur Einnahmen-Überschuss-Rechnung
Beabsichtigt der Unternehmer einen Wechsel von der Bilanzierungspflicht im Sinne des § 4 (1) EStG zur Gewinnermittlung nach § 4 (3) EStG ist stets der Übergangsgewinn bzw. der Übergangsverlust zu ermitteln (s. Tab. 5.2).

Hinweis: Die Umsatzsteuer/Vorsteuer sind in den Forderungen bzw. Verbindlichkeiten enthalten.

Tab. 5.1 Übergangsrechnung von Einnahmen-Überschuss-Rechnung zur Bilanz

+	Bestand Waren (Handelswaren)
+	Bestand Forderungen aus Lieferungen und Leistungen (Debitoren, Kundenforderungen)
+	Bestand sonstige Forderungen (z. B. aus Steuern)
+	Betrag der geleisteten Anzahlungen
+	Aktive Rechnungsabgrenzungsposten (Zahlung im alten Jahr; Aufwand im neuen Jahr)
=	ZWISCHENSUMME
./.	Bestand Verbindlichkeiten aus Lieferungen und Leistungen (Kreditoren, Lieferantenverbindlichkeiten)
./.	Bestand sonstige Verbindlichkeiten (z. B. aus Löhne und Gehälter)
./.	Betrag der erhaltenen Anzahlungen
./.	Passive Rechnungsabgrenzungsposten (Einnahme im alten Jahr; Ertrag im neuen Jahr)
./.	Rückstellungen
=	Übergangsgewinn bzw. -verlust

Tab. 5.2 Übergangsrechnung von Bilanz zur Einnahmen-Überschuss-Rechnung

./.	Bestand Waren (Handelswaren)
./.	Bestand Forderungen aus Lieferungen und Leistungen (Debitoren, Kundenforderungen)
./.	Bestand sonstige Forderungen (z. B. aus Steuern)
./.	Betrag der geleisteten Anzahlungen
./.	Aktive Rechnungsabgrenzungsposten (Zahlung im alten Jahr; Aufwand im neuen Jahr)
=	ZWISCHENSUMME
+	Bestand Verbindlichkeiten aus Lieferungen und Leistungen (Kreditoren, Lieferantenverbindlichkeiten)
+	Bestand sonstige Verbindlichkeiten (z. B. aus Löhne und Gehälter)
+	Betrag der erhaltenen Anzahlungen
+	Passive Rechnungsabgrenzungsposten (Einnahme im alten Jahr; Ertrag im neuen Jahr)
+	Rückstellungen
=	Übergangsgewinn bzw. -verlust

Ausgangsbasis ist der vorläufig ermittelte Gewinn/Verlust nach der Gewinn- und Verlustrechnung:

Im Falle eines Übergangsgewinns erfolgt grundsätzlich eine Erhöhung des Ergebnisses in dem Wirtschaftsjahr, in dem der Wechsel stattfindet.

Übergangsverluste werden ebenfalls im Jahr des Wechsels berücksichtigt.

Bedeutung der GoBD für die EÜR

6

Die GoBD (Grundsätze zur ordnungsmäßigen Führung und Aufbewahrung von Büchern, Aufzeichnungen und Unterlagen in elektronischer Form sowie zum Datenzugriff) beschäftigen sich mit den Vorschriften der elektronischen Belegerfassung, -sicherung- und -auswertung.[1]

> ▶ Die GoBD gelten für jeden Unternehmer! Hierbei ist es gleichgültig, ob es sich um einen buchführungspflichtigen Unternehmer handelt oder z. B. um einen Freiberufler, welcher eine Einnahmen-Überschuss-Rechnung im Sinne des § 4 (3) EStG erstellt.

Die einzelnen Pflichten und Rechte aus dem BMF-Schreiben vom 14.11.2014 in dieser Lektüre aufzuzeigen, würde sicherlich den Rahmen sprengen.

Deshalb werden hier nur einige ausgewählte Sachverhalte kurz erwähnt, um die Wichtigkeit der Beachtung der Vorschriften zu unterstreichen, welche seit 2015 die GoBS (Grundsätze ordnungsmäßiger DV-gestützter Buchführungssysteme)und die GDPdU (Grundsätze zum Datenzugriff und zur Prüfbarkeit digitaler Unterlagen) ersetzen.

Zeitnahe Erfassung von Geschäftsvorfällen

Geschäftsvorfälle müssen nach den GoBD stets zeitnah (bis zu 10 Tagen) in Bezug zum stattgefundenen Geschäftsvorfall im System erfasst werden (BMF, GoBD, Rz. 45 f.).

---

[1]Nickenig, Karin: Die elektronische Rechnung, Darstellung unter Berücksichtigung der GoBD Springer-Gabler-Verlag 2015 *(essential)*.

© Springer Fachmedien Wiesbaden 2016
K. Nickenig, *Die Einnahmen-Überschuss-Rechnung*, essentials,
DOI 10.1007/978-3-658-15180-5_6

Belegprinzip

Jeder Buchung muss ein Beleg zugeordnet werden können. „Keine Buchung ohne Beleg" ist eine Vorgabe, die schon länger gültig ist, jedoch in den GoBD nochmals besonders hervorgehoben wird (vgl. BMF, GoBD, Rz 61).

Datensicherheit

Der Unternehmer, ob buchführungspflichtig oder nicht, hat dafür zu sorgen, dass die Papierrechnungen oder Rechnungen, die in elektronischer Form übermittelt wurden, für den Zeitraum der Aufbewahrungsfrist vor Verlust oder Manipulation geschützt werden (vgl. BMF, GoBD, Rz 103 f.).

Datenzugriff durch die Finanzbehörde

Der Unternehmer hat auf Verlangen der Finanzbehörde sämtliche Belege und Auswertungen, die den zu prüfenden Zeitraum betreffen, auf Bild- oder Datenträger unverzüglich zur Verfügung zu stellen. Die Kosten trägt der Steuerpflichtige (vgl. BMF, GoBD, Rz. 156).

Auf weitere Beispiele und detaillierte Darstellungen wird an dieser Stelle verzichtet, um den Rahmen dieses *essentials* nicht zu sprengen.

Beispiel einer Einnahmen-Überschuss-Rechnung

7

Die Einnahmen-Überschuss-Rechnung ist gesetzlich geregelt im § 4 (3) EStG. Hiernach erfolgt eine Gegenüberstellung von Betriebseinnahmen und Betriebsausgaben zur Ermittlung eines Gewinns oder Verlustes (s. Tab. 7.1). Das zugrunde liegende Prinzip ist das Zufluss-Abfluss-Prinzip im Sinne des § 11 EStG.

Hier nun ein Beispiel zur Einnahmen-Überschuss-Rechnung eines nicht buchführungspflichtigen Unternehmers (s. Tab. 7.1).

Dieser Jahresüberschuss wird bei den nicht buchführungspflichtigen Unternehmern im Rahmen der Einkommensbesteuerung bei der jeweiligen Gewinneinkunftsart § 13 EStG (Einkünfte aus Land- und Forstwirtschaft), § 15 EStG (Einkünfte aus Gewerbebetrieb) oder § 18 EStG (Einkünfte aus selbständiger Tätigkeit) berücksichtigt.

© Springer Fachmedien Wiesbaden 2016
K. Nickenig, *Die Einnahmen-Überschuss-Rechnung,* essentials,
DOI 10.1007/978-3-658-15180-5_7

Tab. 7.1 Beispiel Einnahmen-Überschuss-Rechnung (nicht buchführungspflichtiger Unternehmer)

A.	Betriebseinnahmen	EUR	EUR	EUR	EUR
	Umsatzerlöse		50.000,00		
	Unentgeltliche Wertabgaben (Eigenverbrauch)		10.000,00		
	Vereinnahmte Umsatzsteuer		11.400,00		
Summe A. Betriebseinnahmen					71.400,00
B.	Betriebsausgaben				
	Sonstige betriebliche Aufwendungen				
	Steuern, Versicherungen, Beiträge		−650,00		
	Versicherungen	−500,00			
	Beiträge	−150,00			
	Kraftfahrzeugkosten		−4600,00		
	Kfz-Versicherung	−1200,00			
	Kfz-Betriebskosten (lfd.)	−3100,00			
	Kfz-Reparaturen	−300,00			
	Bürobedarf, Porto, Telefon		−750,00		
	Bürobedarf	−50,00			
	Porto	−100,00			
	Telefon	−600,00			
	Summe sonstige betriebliche Aufwendungen			−6000,00	
	Betriebliche Steuern			−250,00	
	Kfz-Steuern	−250,00			
	Verauslagte Vorsteuern			−769,50	
	Abziehbare Vorsteuer 19 %	−769,50			
	Umsatzsteuer-Vorauszahlungen			−720,00	
	Umsatzsteuer-Vorauszahlungen	−720,00			
Summe B. Betriebsausgaben					−7739,50
Jahresüberschuss					63.660,50

Wichtige Definitionen und Abkürzungen

8

Abschreibung: Wertminderung eines abnutzbaren Anlagegutes (auch: Absetzung für Abnutzung).

AfA: Absetzung für Abnutzung (auch: Abschreibung).

Anlagegüter: Güter des Anlagevermögens, welche dazu bestimmt sind, dem Betrieb dauerhaft, also länger als ein Jahr zu dienen.

Betriebsausgaben: Ausgaben, die betrieblich veranlasst sind.

Betriebseinnahmen: Einnahmen, die betrieblich veranlasst sind.

Betriebsvermögensvergleich: Gewinnermittlungsmethode bei buchführungspflichtigen, bilanzierenden Unternehmen.

Eigenkapitalvergleich: siehe Betriebsvermögensvergleich.

EÜR: Einnahmen-Überschuss-Rechnung; Gewinnermittlungsmethode nach § 4 (3) EStG.

Firma: Name des Unternehmens.

Freiberufler: Gruppe von Unternehmern, welche keinen Gewerbebetrieb gemäß § 15 (2) EStG betreiben, sondern einen Katalogberuf i. S. d. § 18 (1) EStG ausüben.

Geringwertige Wirtschaftsgüter: siehe GWG.

GDPdU: Grundsätze zum Datenzugriff und zur Prüfbarkeit digitaler Unterlagen.

GoBD: Grundsätze zur ordnungsmäßigen Führung und Aufbewahrung von Büchern, Aufzeichnungen und Unterlagen in elektronischer Form sowie zum Datenzugriff.

GoBS: Grundsätze ordnungsmäßiger DV-gestützter Buchführungssystem.

GWG: Geringwertige Wirtschaftsgüter, die einer besonderen Abschreibungsmodalität unterliegen und der Funktion nach selbständig nutzbar sind. GWGs gehören zum beweglichen Anlagevermögen.

© Springer Fachmedien Wiesbaden 2016
K. Nickenig, *Die Einnahmen-Überschuss-Rechnung,* essentials,
DOI 10.1007/978-3-658-15180-5_8

Handelsregister: Öffentliches Verzeichnis aller Kaufleute innerhalb eines Amtsgerichtsbezirks.

Inventar: Ergebnisprotokoll nach erfolgter Inventur.

Kaufleute: Gewerbetreibende, die grundsätzlich zur Buchführung nach Handelsrecht verpflichtet sind; Ausnahme: Kleingewerbetreibende (§ 1 (2) HGB).

Kleingewerbetreibende: Gewerbetreibende ohne kaufmännische Organisation, § 1 (2) HGB.

Kleinunternehmer: Unternehmer mit Option auf die Regelbesteuerung im Rahmen der Umsatzsteuer zu verzichten (§ 19 UStG), sofern bestimmte Umsatzgrenzen nicht überschritten werden.

Rechnungsabgrenzungsposten: Posten zur Abgrenzung von jahresübergreifenden Erträgen und Aufwendungen; kann in aktive und passive Rechnungsabgrenzungsposten unterschieden werden.

Rückstellungen: Zukünftige Verbindlichkeiten, die am Bilanzstichtag lediglich dem Grunde nach, aber nicht nach Höhe und Fälligkeit bekannt sind.

Traglast: Umsatzsteuer auf den Nettoerlös.

UStAE: Umsatzsteuer-Anwendungserlass.

Umsatzsteuer-Zahllast: Ergebnis aus Umsatzsteuer-Traglast minus Vorsteuer.

Vorsteuer: Forderung gegenüber dem Finanzamt aus Eingangsleistungen.

Zufluss-Abfluss-Prinzip: Prinzip, nach dem alle zahlungsrelevanten Vorgänge im Rahmen einer Einnahmen-Überschuss-Rechnung erfasst werden, § 11 EStG.

Fazit

Als Fazit dieses *essential* lässt sich festhalten, dass eine Reihe an Pro- und Kontra-Argumenten in Bezug auf die Einnahmen-Überschuss-Rechnung existieren. Hier nun einige Argumente im Überblick:

Vorteile

- Es muss keine doppelte Buchführung erstellt werden; es genügt die Gegenüberstellung von Betriebseinnahmen und -ausgaben.
- Darüber hinaus muss keine jährliche Inventur durchgeführt werden.
- Die Versteuerung erfolgt erst nach Eingang der Gelder (Zufluss-Abfluss-Prinzip, § 11 EStG).

Nachteile

- Betriebsausgaben können steuerlich erst dann geltend gemacht werden, wenn sie bezahlt wurden (Zufluss-Abfluss-Prinzip, § 11 EStG).
- Die Einnahmen-Überschuss-Rechnung liefert keinen Überblick über offene Posten im Bereich der Kunden bzw. Lieferanten.
- Die Bildung von Rückstellungen ist nicht erlaubt.
- nur eingeschränkte Kennzahlenanalyse denkbar.

Es gibt sicherlich noch viele weitere Argumente, welche für oder gegen den Einsatz einer Einnahmen-Überschuss-Rechnung im Büroalltag sprechen. Diese können jedoch an dieser Stelle nicht alle erwähnt werden.

© Springer Fachmedien Wiesbaden 2016
K. Nickenig, *Die Einnahmen-Überschuss-Rechnung,* essentials,
DOI 10.1007/978-3-658-15180-5_9

Was Sie aus diesem *essential* mitnehmen können

Am Ende dieses *essentials* noch ein kleiner Überblick über die wichtigsten Kernthemen, die Sie aus dieser Lektüre mitnehmen können:

- Kompakter und leicht bekömmlicher Einstieg in das Themengebiet der Einnahmen-Überschuss-Rechnung mit Abgrenzung zur Buchführung
- Buchführungspflichtige und nicht bilanzierungspflichtige Unternehmer
- Kenntnis von weiteren Gewinnermittlungsmethoden außerhalb der 4/3er-Rechnung
- Befreiungsmöglichkeit im Hinblick auf die Bilanzierung (§ 241a HGB)
- Kenntnisse zu ausgewählten Sachverhalten wie „Abnutzbare Anlagegüter", „GWG" oder „nicht abzugsfähige Betriebsausgaben"
- Kompakter Überblick zum Thema „inländisches Umsatzsteuersystem"
- Übergangsgewinne und -verluste bei Wechsel der Gewinnermittlungsart
- Zufluss-Abfluss-Prinzip
- Einblick in die umfangreichen Vorgaben der GoBD

© Springer Fachmedien Wiesbaden 2016
K. Nickenig, *Die Einnahmen-Überschuss-Rechnung,* essentials,
DOI 10.1007/978-3-658-15180-5

Literatur

Bundesfinanzministerium und Bundesministerium der Justiz und für Verbraucherschutz

https://www.gesetze-im-internet.de/estg/__4.html; Abruf am 09.06.2016

http://www.bundesfinanzministerium.de/Content/DE/Downloads/BMF_Schreiben/Weitere_Steuerthemen/Abgabenordnung/Datenzugriff_GDPdU/2014-11-14-GoBD.html; Abruf am 19.06.2016

https://www.gesetze-im-internet.de/hgb/__238.html; Abruf am 19.06.2016

https://www.gesetze-im-internet.de/hgb/__1.html; Abruf am 19.06.2016

https://www.gesetze-im-internet.de/hgb/__2.html; Abruf am 19.06.2016

https://www.gesetze-im-internet.de/hgb/__3.html; Abruf am 19.06.2016

https://www.gesetze-im-internet.de/hgb/__5.html; Abruf am 19.06.2016

https://www.gesetze-im-internet.de/hgb/__241a.html; Abruf am 19.06.2016

https://www.gesetze-im-internet.de/estdv_1955/__60.html; Abruf am 19.06.2016

http://www.bundesfinanzministerium.de/Content/DE/Downloads/BMF_Schreiben/Steuerarten/Einkommensteuer/2015-10-27-anlage-EUER-2015-vordruck-einnahmeueberschussrechnung.html; Abruf am 19.06.2016

https://www.gesetze-im-internet.de/estg/__6.html; Abruf am 19.06.2016

https://www.gesetze-im-internet.de/ustg_1980/__13.html; Abruf am 19.06.2016

https://www.gesetze-im-internet.de/ustg_1980/__15.html; Abruf am 19.06.2016

http://www.bundesfinanzministerium.de/Content/DE/Downloads/BMF_Schreiben/Steuerarten/Umsatzsteuer/Umsatzsteuer-Anwendungserlass/Umsatzsteuer-Anwendungserlass-aktuell-Stand-2016-06-02.html; Abruf am 19.06.2016

https://www.gesetze-im-internet.de/ustg_1980/__14.html; Abruf am 19.06.2016

https://www.gesetze-im-internet.de/ustg_1980/__14a.html; Abruf am 19.06.2016

https://www.gesetze-im-internet.de/ustg_1980/__20.html; Abruf am 19.06.2016

https://www.gesetze-im-internet.de/estg/__18.html; Abruf am 19.06.2016

https://www.gesetze-im-internet.de/estg/__15.html; Abruf am 24.06.2016

© Springer Fachmedien Wiesbaden 2016   45
K. Nickenig, *Die Einnahmen-Überschuss-Rechnung*, essentials,
DOI 10.1007/978-3-658-15180-5

http://www.bundesfinanzministerium.de/Content/DE/Downloads/BMF_Schreiben/Steuerarten/
    Einkommensteuer/2015-10-27-anlage-EUER-2015-vordruck-einnahmeueberschussrech-
    nung.html; Abruf am 25.06.2016
https://www.gesetze-im-internet.de/estg/__11.html; Abruf am 25.06.2016
https://www.gesetze-im-internet.de/estdv_1955/__60.html; Abruf am 25.06.2016
https://www.gesetze-im-internet.de/estg/__12.html; Abruf am 25.06.2016
https://www.gesetze-im-internet.de/ao_1977/__162.html; Abruf am 25.06.2016
http://www.bundesfinanzministerium.de/Content/DE/Downloads/BMF_Schreiben/Weitere_
    Steuerthemen/Betriebspruefung/015.html; Abruf am 26.06.2016